LA
DERNIÈRE SAIGNÉE

PAR

HÉLIO

« La guerre, c'est bien beau ! Sous les drapeaux qui flottent.
Les jeunes gens s'en vont vers les illustres chocs ;
Et la musique chante, et les mères sanglotent,
Et le labour n'a plus que les vieux qui tremblotent ;
Et l'on voit les fusils voler le fer aux socs. »

Auguste VACQUERIE.

(Futura.)

PARIS

LIBRAIRIE GÉNÉRALE

L. SAUVAITRE, Éditeur

72, BOULEVARD HAUSSMANN, 72

1891

Tous droits de reproduction et de traduction réservés.

LA
DERNIÈRE SAIGNÉE

LA
DERNIÈRE SAIGNÉE

PAR

HÉLIO

> « La guerre, c'est bien beau ! Sous les drapeaux qui flottent,
> Les jeunes gens s'en vont vers les illustres chocs ;
> Et la musique chante, et les mères sanglotent,
> Et le labour n'a plus que les vieux qui tremblotent ;
> Et l'on voit les fusils voler le fer aux socs. »
>
> Auguste VACQUERIE.
> (*Futura*.)

PARIS
LIBRAIRIE GÉNÉRALE
L. SAUVAITRE, Éditeur
72, BOULEVARD HAUSSMANN, 72

—

1891

Tous droits de reproduction et de traduction réservés.

PRÉFACE

Dans ce petit essai, l'auteur affirme qu'il n'a voulu viser aucune personnalité, ni cherché à faire d'allusion politique. Il a écrit ces quelques pages dans un esprit tout à fait international et humanitaire ; il s'est attaché avant tout à démontrer, sous la forme de la fiction, combien terrible serait une guerre, à notre époque, si elle éclatait ; quelles en seraient les conséquences, et sous quelle forme pourrait se produire la réaction qui en naîtrait.

Maintenant, que l'indulgence du lecteur accompagne chacune des lignes qui vont suivre.

LA
DERNIÈRE SAIGNÉE

I

Cela couvait depuis longtemps, comme un feu mal éteint couve sous la cendre.

Passe un coup de vent, et l'étincelle qui dort se réveille.

Voilà comment éclata cet événement prévu depuis plusieurs années par tout le monde, impatiemment attendu et escompté par les uns, redouté par les autres, retardé autant que possible par les conseils des sages.

L'année 18... apporta dans son sein, avec un printemps clair et joyeux..., la guerre.

Des provocations répétées avaient hâté ce dénoûment. Il fallait enfin choisir entre la réalité brutale du fait accompli et l'énervement de l'attente qui menaçait de paralyser les forces sans cesse tenues en éveil.

Ajoutez à cela la disparition de la scène politique d'une personnalité considérable à qui le monde entier attribuait jusqu'alors un rôle de « régulateur énergique et prévoyant ».

En échange, l'avènement d'une politique aux vues personnelles et inquiètes, avec la nécessité de recourir à un dérivatif puissant pour enrayer l'essor d'une évolution sociale menaçante : toutes ces causes réunies avaient précipité les événements.

La nation attaquée se leva calme et fière et attendit, résolue à aller jusqu'au bout, sans défaillance, sans recul, et préparée contre toutes chances.

A peine rétablie de ses anciennes blessures, elle s'était recueillie dans un isolement volontaire, comme le lion, traqué dans son antre, se replie sur ses muscles de fauve et se concentre en quelque sorte dans sa vengeance.

N'ayant négligé aucun sacrifice pour se mettre en état de défense, comprenant à quelle œuvre sévère et silencieuse il s'était voué, le peuple, dans sa masse, avait supporté les charges les plus lourdes et successivement approuvé les dépenses les plus extraordinaires.

Des citoyens à la parole ardente avaient eu soin d'entretenir la fièvre belliqueuse de la nation. Des ligues avaient été organisées dans ce but. Leur devise était : « Unir nos efforts et nos dévouements. »

Le patriotisme y était exalté par une propagande active et par des discours audacieux. Laissant toute idée de prudence, on y parlait très haut de vengeance et de guerre à outrance.

De son côté, la nation qui attaquait n'avait rien ménagé pour écraser son adversaire jadis vaincu, qu'elle craignait encore, comme on craint un ennemi que l'on a réduit par surprise, mais que l'on n'a pu terrasser.

Le conflit qui menaçait depuis longtemps d'embraser la vieille Europe venait enfin d'éclater.

Le moment décisif était arrivé où les destinées de deux grands pays allaient se dénouer d'une façon irrévocable.

D'une part, des généraux expérimentés, rompus au métier de la guerre, avec des troupes disciplinées qui connaissaient le chemin de la victoire ;

D'autre part, un chef élu par l'enthousiasme, adulé par les masses, et à qui une savante popularité avait fait dans l'État un rôle prépondérant. Ce chef était l'incarnation d'une idée, le résumé, pour ainsi dire, d'une aspiration : la vengeance.

La confiance que lui donnait ce rôle l'invitait à ne plus dissimuler son ambition. Il avait su par une retentissante réclame, imprégnée en quelque sorte de patriotisme, tenir les esprits en éveil et tourner vers ses moindres actes les yeux de ses concitoyens.

Quand il avait occupé la première place au pouvoir, il avait été l'auteur de beaucoup de changements dans la discipline militaire ; il avait fait revivre en plusieurs points les anciennes coutumes et maintenu la règle avec sévérité.

Il avait le premier rétabli l'esprit militaire, et compris qu'il fallait opposer à ses adversaires un nouveau système de guerre en rapport avec les nécessités de la situation et le caractère des troupes.

La mobilisation des deux armées se fit rapidement, en un clin d'œil, comme pour une alerte, tant étaient désireuses les deux forces de se ruer l'une contre l'autre et de s'étreindre dans ce duel suprême.

La concentration effectuée en quelques heures, grâce à des moyens de transport admirablement organisés, avait permis aux chefs des deux armées de jeter sur les frontières des effectifs complets et d'y accumuler un matériel de guerre le plus perfectionné et le plus redoutable qui se soit jamais vu.

Ce fut l'exécution calme, précise et régulière de projets dont tous les détails avaient été mûrement étudiés….. Et l'on vit alors ce spectacle curieux d'une civilisation de dix-huit siècles qui avait consacré ses efforts, d'une part à adoucir les mœurs des peuples et à les policer, à favoriser le travail en encourageant les libertés ; de l'autre, à entretenir chez les mêmes des sentiments barbares et à chercher les moyens de destruction les plus parfaits et les plus rapides.

II

Au grand appel de la guerre, solennel et lugubre comme un glas, toutes les forces vives de la nation vinrent apporter leur contingent.

C'est la réquisition impitoyable, la râfle odieuse qui commence.

Le laboureur se voit, sur un signal, arracher au sol qui l'a vu naître et qui le nourrit; l'artisan quitte les travaux qui font la richesse d'un peuple; le père abandonne le foyer qui fonde la famille.

Le sol tremble de toutes parts sous la semelle pesante des troupes qui gagnent la frontière : c'est un ébranlement sourd comme celui que produirait la voix souterraine d'un volcan.

Peuples, regardez bien tous : c'est la grande saignée . . . .

Voyez ce cortège macabre dont la Mort tient la tête, enveloppée dans un drapeau noir.

C'est tout un troupeau d'êtres humains qui défile devant vous avant d'aller s'engouffrer dans le nuage de sang qui l'attire .   .   .   .

Le premier choc fut sanglant, et l'on put, dès le début de cette campagne, juger des effets des inventions nouvelles :

Les hommes, sacrifiés d'avance, luttaient contre des forces prodigieuses et à peine maîtrisées.

L'inconnu déconcertait les plus braves.

Mais le dénoûment du drame devait atteindre les limites de l'horrible, et plonger le monde civilisé dans la stupeur et l'effroi .   .   .   .

Après plusieurs combats acharnés et des journées entières de lutte héroïque, une des armées réussit à tourner les défenses de l'ennemi et envahit son territoire avec des masses formidables, outillées de toutes pièces.

Cependant tout sentiment humain n'avait pas sombré dans la haine mortelle que s'étaient vouée deux peuples.

La vengeance était partie avec les soldats, et l'image de la gloire précédait les armes brillantes.

Une grande douleur était restée au foyer dans le cœur des mères, et le spectre du deuil planait sur les chaumières délaissées.

Les peuples voisins à leur tour, alliés d'hier, aujourd'hui réduits à l'impuissance, les uns par la seule misère, d'autres, plus résistants, par les efforts combinés d'une diplomatie subtile, commençaient à envisager avec terreur l'issue de cette lutte formidable, et des milliers de poitrines haletaient, oppressées par l'anxiété mêlée aux regrets de n'avoir pas su arrêter le désastre par une sage intervention.

Mais l'action était engagée sur toute l'étendue des frontières, et les événements se précipitaient depuis quelques jours avec une rapidité foudroyante.

Il était maintenant trop tard pour étaler une commisération inutile.

Les responsabilités commençaient là où s'arrêtait la timidité des sympathies.

En très peu de temps, les progrès de l'ennemi avaient été considérables. Une marée humaine, en quelque sorte, enveloppait les places fortes, prête à les submerger.

Dans tout cela, la guerre faisait des trouées sanglantes que l'on comblait avec du bétail humain.

Bientôt débordé de toutes parts, coupé en partie de

ses communications, le chef, en voyant le danger qui les menaçait, réunit ses officiers pour leur exposer une situation qui devenait critique d'heure en heure. Il leur dit « que la confiance ne devait pas leur manquer en ce moment décisif, que le pays jouait son va-tout, comme eux-mêmes leur propre vie, et que la victoire devait assurer l'un et l'autre; que d'ailleurs les circonstances semblaient plutôt les favoriser, et que c'était un grand avantage pour eux que l'ennemi se fût engagé en ce point de leur territoire d'où on le chasserait plus aisément en lui infligeant une défaite sérieuse ».

Il leur montra que cette bataille n'en serait que plus décisive; qu'elle aboutirait non seulement à l'écrasement, mais à l'anéantissement de l'armée ennemie; que, pourchassant les vaincus devant eux, ce seraient les provinces perdues et toute la rive gauche du fleuve qui servait de frontière aux deux nations qui tomberaient du même coup en leur pouvoir.

Puis, après avoir donné de minutieuses instructions pour l'ordre du combat, passant sur le front des troupes, il leur adressa ces paroles brèves d'une voix forte et avec un visage impassible :

« Soldats, cette bataille est la dernière parce qu'elle décidera du sort de notre pays. Vous réclamiez la vengeance, elle est avec vous dans vos rangs ; vous demandez la victoire, elle vous précède. »

Et, comme en ce moment les premières troupes prenaient contact avec l'ennemi, on vit l'effet que ces mots avaient produit sur le moral du soldat ; qu'ils résumaient bien la situation : Vaincre ou mourir. Car il était évident pour tous que le vaincu ne devait attendre aucune pitié du vainqueur, et que celui qui tuait prendrait la place de celui qui mourait.

Et oubliant tout, le sol natal, le clocher noyé dans la verdure, les arbres qui viennent de renaître à la vie, la mère qui pleure, la fiancée qui suppliait hier encore sur le seuil, au départ, le soldat électrisé, ivre de vengeance et de poudre, se jette sur l'ennemi la haine au cœur, taillant, frappant deci, delà, jusqu'à ce que, à bout de souffle et de vie, il tombe à son tour, rendant l'âme par une affreuse blessure sur les cadavres que sa rage vient d'amonceler.

C'est l'ordre du général. « Toujours en avant, toujours l'offensive. »

Et l'attaque s'accentue vigoureusement ; les lignes de feu se dessinent peu à peu ; et l'on aperçoit bientôt sur cet immense champ de bataille comme un embrasement qui s'étend à plusieurs lieues.

Les colonnes d'assaut sortent les unes après les

autres, on ne sait d'où, comme de dessous terre, et un mouvement enveloppant, en éventail, se prononce tout à coup avec tant de rapidité que l'ennemi s'étonne et s'arrête surpris.

La tactique de tenir ses hommes en réserve et d'engager avec économie les troupes dont il dispose est merveilleusement adaptée à ce genre de combat, terrible, implacable, où la haine réclame chaque fois de nouvelles forces et où le combattant retient en quelque sorte la mort dans son sein, comme un coureur son souffle, pour gagner du temps.

Les bataillons, lancés les uns contre les autres, ont à franchir des espaces découverts que balaye un torrent de projectiles. La cavalerie, sur les ailes, charge à fond de train, les chefs en tête, broyant tout dans une course furibonde, désordonnée, laissant la terre jonchée de ses morts, car sa vaillance obstinée vient s'écrouler chaque fois contre le fer vomi par des milliers de canons.

Alors toutes ces bravoures mutilées se fondent peu à peu, en même temps que les derniers rayons du soleil disparaissent dans les ombres du crépuscule; un crépuscule gris rougeâtre, horrible mélange de fumée et de sang.

La nuit vient elle-même surprendre les combattants et interrompre cette sinistre boucherie.

Les troupes, des deux côtés épuisées par la fatigue, découragées par l'inutilité de l'effort, se retirent dans leurs abris, attendant l'aube pour vider cette querelle fatale où le vaincu doit trouver l'anéantissement.

L'artillerie seule continue à faire entendre sa voix formidable, et la mort aux mille formes va trouver les survivants jusque dans leur repos.

La lune claire qui se lève au-dessus d'un horizon de pourpre, fait scintiller les baïonnettes des bataillons qui s'éloignent regagnant les camps, et elle enveloppe çà et là, comme dans un grand linceul blanc, des masses noires, inertes, qui reposent dans les champs vert pâle . . . .

. . . .

Ici, des salves de mousqueterie, précipitées comme la grêle, ont couché dans un ravin des bataillons entiers, dont les corps gisent s'étageant dans le sens de la défense.

Là, tout une charge de cavalerie s'est échouée sur une batterie dans laquelle on trouve des milliers de cadavres horriblement hachés. Sur un canon sont couchés tous ses défenseurs; on retrouve les débris d'un affût dans les ventres béants des chevaux. Après cela, vous vous butez à des obstacles informes, des masses qui n'ont plus de nom : vous ne savez pas si c'est de la terre qui saigne éventrée ou bien si ce sont des restes humains . . . .

. . . .

Dès que paraissent les premiers rayons du jour, l'ennemi commence l'attaque avec des troupes fraîches, mandées en toute hâte, et auxquelles on cache soigneusement la résistance opiniâtre de l'adversaire.

De l'autre côté, des renforts accourent au premier appel, de sorte que les vides sont bien vite comblés et que la mort va pouvoir bientôt choisir de nouvelles victimes.

Cet effort, le dernier, doit être décisif.

Le combat recommence plus acharné que la veille, car, de part et d'autre, on est à bout.

Ce qui caractérise cette seconde journée, c'est la mise en action d'engins terribles, rapidement amenés sur le lieu de la bataille pendant la nuit.

Des canons, d'une portée inconnue jusqu'alors, entrent pour la première fois en scène.

Les explosifs les plus divers et les plus redoutables commencent leurs ravages.

Pendant de longues heures c'est une pluie d'obus

et de bombes qui se croisent, éclatent sur le front des régiments et se divisent en un nombre infini de petits fragments de fonte. Cela pénètre traîtreusement, au hasard, jusque dans les rangs épais de la réserve. Les éclats meurtriers sifflent et enveloppent des grappes humaines comme les lanières d'un fouet immense. Hommes et chevaux tombent foudroyés dans un espace qui s'étend à plusieurs centaines de mètres en avant ou sur les côtés.

La poudre sans fumée, en usage dans les deux camps, ne masque plus la présence de l'infanterie et ne lui permet pas de dissimuler ses mouvements, et l'artillerie, solidement établie, peut à loisir apprécier les distances et régler son tir.

De part et d'autre la mitraille, avec la précision d'un jet de pompe, fouille des masses grouillantes que la nudité du sol laisse à découvert et que l'éclat des armes et des uniformes dénonce à l'œil vigilant des pointeurs.

Les hôpitaux regorgent bientôt de blessés. Des abris dressés en toute hâte recueillent les autres. Là, mille éponges pompent le sang qui s'écoule de ces corps troués ; la terre nue boit le reste.

C'est ici qu'il faut voir le drame dans toute son horreur.

Peu à peu un nuage tiède et d'une teinte étrange s'élève au-dessus de ce long alignement de grabats.

Tout devient rouge : rouges les cloisons, rouges les chairs assommées aux plaies béantes, rouges les yeux crevés, rouges les ventres tuméfiés, rouge le rictus des mourants qui entrevoient la mort . . .

. . . .

Décidé enfin à tenter une suprême attaque, l'ennemi opère une vive diversion sur l'aile gauche de son adversaire, espérant le séparer de son centre et déborder ses positions.

Mais voilà qu'au passage d'un pont, une explosion épouvantable surprend la division qui s'avance en masse profonde et la détruit.

Plusieurs kilogrammes de mélinite, dissimulés sous les arches, sautent au moment où l'avant-garde s'engage sur la chaussée.

Sur un parcours de mille à douze cents mètres, les champs et les bois sont rasés comme si une faux immense avait nivelé le sol : le lit du fleuve a été soulevé par endroits, et à la place des berges disloquées, éventrées par l'explosion, un amoncellement de débris de toutes sortes, une bouillie sanglante, mélange de chairs informes et de limon, surgit sur une étendue de près d'une lieue.

L'explosion a été entendue à une distance incroyable.

Elle terrifie les survivants qui s'enfuient affolés dans toutes les directions, semant la panique sur leur passage.

C'est une débandade indescriptible que rien ne peut arrêter.

On ne donne pas à l'ennemi le temps de revenir de sa surprise et de sa frayeur :

Taillée en tronçons par la cavalerie qui se jette à corps perdu à sa poursuite, anéantie en détail par des salves de mitraille, quand on peut acculer dans quelque village un bataillon coupé de sa ligne de retraite, cette armée formidable, qui représentait tout à l'heure un grand peuple et une civilisation, n'offre plus à présent que le spectacle de quelques hordes en pleine déroute, qui dans l'affolement de la fuite jettent armes et bagages, se noient au passage des rivières et tuent les officiers qui cherchent à les rallier.

III

La paix, si l'on peut appeler ainsi une trêve impitoyable, imposée en quelque sorte par les circonstances, une paix sans pitié, avec des conditions féroces : telle fut la conclusion de cette bataille monstrueuse qui avait, pour longtemps, ôté toute chance de nouveaux combats.

Ce qui restait de l'armée victorieuse, d'étranges lambeaux mutilés comme leurs drapeaux, après avoir traversé les provinces reconquises, et la capitale ennemie, songea enfin à retourner dans la patrie, où l'attendait tant d'anxiétés.

Les premières étapes se firent joyeuses, sous un ciel superbe, avec insouciance et des chants de victoire dans toutes les poitrines.

Mais bientôt, au premier ralliement, quand on essaya de se compter, de s'organiser par divisions, par brigades, par régiments, que l'on s'aperçut du nombre toujours croissant des absents, un revirement subit s'opéra dans ces esprits, comme celui qui s'opère dans le cerveau d'un homme qui s'éveille au sortir d'une orgie.

Une tristesse profonde serra le cœur de ces malheureux qui avaient vu mille fois la mort en face, et qui, maintenant, après l'excitation de la lutte, l'enivrement du succès, se trouvaient face à face avec la réalité cruelle, implacable : un vide immense, et tout autour d'eux les vestiges d'un deuil poignant.

Les troupes victorieuses, désagrégées, sans cohésion et sans ordre, traversaient de grandes villes désertes, des villages désolés, regagnant à petites journées la capitale où les attirait la promesse d'un triomphe inouï.

Il en venait le long de toutes les routes, par petites bandes, et tout cela dans un indescriptible désordre, les cadres n'existant plus; des cavaliers démontés, pêle-mêle avec des fantassins dépenaillés, éreintés, que l'ivresse du succès seule soutenait encore un peu. Des mules traînaient de grandes charrettes où l'on avait entassé les blessés transportables. Les voies ferrées, en partie détruites ou bouleversées par la guerre, étaient impraticables.

On fit espérer à tout ce monde que le grand jour était proche, là-bas, un peu plus loin, quand on aurait dépassé cette zone de la frontière si cruellement éprouvée.

Leur chef les exhortait à se réjouir du succès de cette campagne, qui, en mettant fin à la guerre, réservait à leur pays une paix féconde et de longue durée.

Ils entrevoyaient déjà le spectacle des grandes réjouissances populaires, les acclamations, les rues pavoisées, les drapeaux, les arcs de triomphe, les fleurs et la verdure qui jonchent le sol et les illuminations, le soir, sous un ciel parsemé d'étoiles.

Et certes, ils pouvaient être fiers, les libérateurs de la Patrie ! . . . .

Bien au contraire, tous s'étonnaient de ne rencontrer partout sur leur passage que deuil, tristesse, solitude.

On arrivait dans des hameaux déserts, après avoir traversé des champs incultes, privés maintenant des bras qui les fécondaient. Les herbes folles avaient envahi les rues ; et la mousse verdâtre, image d'abandon, recouvrait le seuil des demeures.

Au lieu d'acclamations frénétiques, d'explosions de joie populaire, un silencieux attendrissement mêlé de douleur profonde. Trop de deuil avait tué la fibre patriotique dans les cœurs.

Quand l'armée s'arrêtait dans quelque bourgade, les mères tremblantes et pleurant, venaient, les unes après les autres, questionner les officiers sur le sort de leurs fils ; et presque toujours la réponse était la même, et cette grande désolation faisait peine à voir.

Quand on se remettait en route, le contraste était frappant. Un soleil chaud inondait les plaines de lumière ; la vie éclatait partout sous mille formes et sous mille aspects divers ; les oiseaux chantaient éperdument sous la feuillée, et ces images de renouveau à côté des souvenirs de mort serraient les cœurs les mieux trempés.

Cependant les étapes parcourues rapprochaient les troupes de la capitale où elles entrèrent un jour, à l'heure de midi, aux sons éclatants de leurs musiques.

Le général en chef avait tenu à ce que ses soldats fissent une entrée triomphale. Cette fête, au sein même du pays, après les fatigues et les douleurs d'une campagne laborieuse, devait présenter un éclat inaccoutumé, relever le moral des troupes, distraire, à force d'ingénieux artifices, les esprits assombris par les deuils récents.

Il rêvait pour lui, d'ailleurs, les honneurs suprêmes, et était résolu à tenter la fortune.

Il sentait que le pays était épuisé par cette lutte sanglante et qu'il voulait se refaire sous une main habile : il comptait beaucoup sur l'enthousiasme qui devait éclater sur son passage et qui serait comme le signe des espérances qu'on mettait en lui. .   .   .

.   .   .   .

L'accueil qu'on lui fit à son entrée fut glacial, comme il avait été dans les provinces; son retour, après la plus sanglante des victoires, n'excitait plus cet enthousiasme ardent que sa présence seule, la veille encore, avait su inspirer.

La municipalité avait fait dresser, par ordre, aux portes de la ville et à chaque carrefour, des arcs de triomphe ornés de fières banderoles.

L'initiative privée faisait défaut.

Les fleurs ne se marient pas au crêpe.

Et l'armée défile lentement, comme enveloppée elle-même dans cette atmosphère de tristesse.

L'attitude de la foule recèle des indices d'autant plus graves qu'ils sont sans précédents. Sous l'hostilité sourde de cette population perce la haine de milliers de familles auxquelles la guerre a pris leurs enfants, leur bien le plus cher.

C'est quelque chose qui flotte et qui oppresse comme le malaise vague des jours d'orage.

Parmi les officiers, les uns manifestent tout haut leur mécontentement, d'autres marchent atterrés, sous le coup d'une émotion poignante ; plusieurs se détournent pour cacher leurs larmes. . . . .

. . . .

Tout à coup, sur un ordre des chefs, la musique cesse de se faire entendre ; des commandements de : « Halte ! » se répercutent de distance en distance. .

. . . .

C'est le passage d'un convoi de cercueils étiquetés, dont la longue suite encombre les routes depuis la frontière jusqu'au cœur même du pays, et qui va par les villes, se déroulant avec lenteur, comme un immense crêpe noir.

Pendant que le front s'arrête net, les rangs qui suivent, rentrant les uns dans les autres, et débordant peu à peu l'alignement, semblent, dans une impulsion invincible, vouloir se ruer, en quelque sorte, dans ce défilé de morts.

Après ce pénible incident, les colonnes reprennent l'ordre de marche, et s'ébranlent les unes après les autres ; et le défilé recommence, par les rues grises, avec des lenteurs de convalescent, des oscillations vagues et les heurts d'un cortège qui suivrait des funérailles.

Au milieu de ces sublimes écloppés, domine de toute sa hauteur un grand jeune homme, à l'allure fantastique.

Son teint hâve, ses traits amaigris, des cheveux tout blancs qui contrastent avec une barbe restée noire, ses yeux très clairs et fixes, attirent sur lui l'attention.

Il marche avec des mouvements saccadés que rythme une étrange chanson.

C'est un revenant de ces journées effroyables : il représente à lui seul tout un régiment. Le reste à disparu balayé par une sorte de cyclone de fer et de fumée sanglante. Sa tête d'enfant a blanchi dans cette minute terrible ; la commotion a ébranlé ses nerfs, et l'horreur du spectacle a obscurci sa raison.

Une seconde a suffi pour faire de l'adolescent un vieillard précoce, et de l'être pensant un idiot risible et doucement étrange, qui suit l'armée le front ceint d'une couronne d'aubépine cueillie dans la haie un jour de soleil.

Le pauvre diable s'avance dans cette longue suite

d'exténués, de bravoures loqueteuses, avec la tranquillité de l'inconscient qui n'a plus le souvenir de la veille, ni l'intelligence du présent.

On le mène au triomphe, lui aussi, ce fou héroïque, dont la démence semble grandir encore la stature, comme le linceul dans la nuit exagère les formes d'un spectre.

Et il est parti de là-bas comme les autres, emboîtant le pas dans la bruyante cadence des chants de victoire.

Soudain, la vue du convoi qui passe, la plainte aiguë de ces fourgons mortuaires qui grincent lamentablement sur leurs essieux fatigués, l'aspect étrange de cette foule houleuse au-dessus de laquelle plane comme un long murmure, tout cela excite ce malheureux, et réveille en lui comme un souvenir assoupi, terrible. . . . . . La folie qui oppresse ses pauvres tempes, éclate . . . . . . Il se met à gambader en hurlant, avec des hoquets de rire dans la voix, insultant les gens qui font la haie sur le passage des troupes. Puis tout à coup, on le voit s'approcher d'une pauvre vieille en deuil qui pleure ses trois enfants, et à qui ce spectacle du retour de ceux qui ont survécu crève le cœur, et il se met à lui rire à la face de son rire d'idiot.

Alors cette femme, folle de désespoir, s'avance vers la brute qui insulte à la mémoire des êtres chéris qu'on lui a ravis, et ramassant de la boue dans le ruisseau qui coule en contre-bas de la rue, la lui lance au visage.

Le soldat s'arrête, étend devant lui une main crispée ; puis trouvant dans le tâtonnement de ses doigts fébriles cette femme qui est restée devant lui pâle et menaçante, la saisit, la terrasse, et lui plonge à deux reprises sa baïonnette dans la poitrine, en poussant un cri rauque. . . . .

. . . .

Ce meurtre soulève la colère d'une population frémissante, au sein de laquelle germent depuis longtemps des ferments de désordre.

Les sentiments mal contenus éclatent : à toutes ces tristesses, succède une exaspération qui ne connaît plus de bornes.

Sans raisonner, entraînée par une impulsion unanime, la foule se rue sur les soldats pour leur arracher leurs armes.

Des femmes, des mères sans doute, cherchent à atteindre, à la faveur du tumulte et de l'hésitation, celui que la popularité d'hier a fait si grand, que la haine et le désespoir du moment rendent si méprisable, et elles veulent venger sur cet homme le sang de leur sang, la chair de leur chair.

Surpris par cette attaque subite, enveloppés par une nuée de femmes et de vieillards sans armes, les soldats hésitent à frapper.

La foule profite de cette hésitation. Pendant un moment, il se produit une grande confusion, un enchevêtrement d'hommes et de chevaux. Mille colères se déchaînent à la fois contre un seul homme qui va devenir leur proie. En vain les officiers accourent-ils de tous côtés pour dégager leur général. Des mains furieuses l'ont saisi, et jeté en bas de son cheval, des milliers d'ongles lui labourent la face ; les pieds d'une populace qui trépigne de rage le frappent dans la poussière sans répit ; et quand les autres arrivent jusqu'à lui, ils ne reçoivent plus dans leurs bras qu'un cadavre.

Ordre est aussitôt donné aux premiers rangs de mettre baïonnette au canon et de charger la foule. Celle-ci supporte héroïquement le premier choc ; mais bientôt, comme elle est en majeure partie composée de vieillards, de femmes, d'enfants, elle est contrainte de céder.

C'est alors un affolement général, un écrasement de corps dans la poussée formidable de cette multitude qui recule, un tumulte immense, où la frayeur jette sa note lugubre.

La première excitation passée, les troupes s'arrêtent, comprenant qu'il ne leur est plus possible de tourner contre la patrie leurs armes victorieuses teintes encore du sang de l'ennemi. Il répugne aux fils de tuer leurs mères, aux maris d'égorger leurs femmes, qui portent devant eux, dans leurs bras, de petits enfants.

Les officiers profitent de la panique que cette attaque subite a produite pour se concerter : on décide de faire rentrer les troupes dans leurs casernes, et d'attendre les ordres du gouvernement. Une avant-garde est formée avec de la cavalerie, chargée d'ouvrir un passage au corps d'armée au cas où la populace recommencerait ses attaques.

Mais la foule, qui a souvent l'intelligence des grandes situations, comprend. Elle ouvre ses rangs pressés pour laisser passer les restes, après tout glorieux, de cette malheureuse armée.

Bientôt elle se disperse tout à fait pour manifester. Des bandes se forment de tous côtés, et courent le long des rues désertes avec de grands cris.

Le bruit du meurtre se répand partout avec la rapidité d'une commotion électrique. . . . .

IV

La révolution est faite. « Le désarmement ! nous voulons le désarmement à tout prix ; plus de guerres ! » Tel est le cri poussé par toutes les poitrines.

Les femmes sont les plus exaltées. Elles sont en majorité, puisque la guerre a pris les mâles, fils ou maris.

En voici une qui raconte avec un accent de colère la façon dont le fils d'une voisine a péri. C'est un caporal de sa compagnie qui a échappé au massacre et a pu regagner le village, qui en a fait le récit. Le petit était à ses côtés et c'est lui, son compagnon d'enfance, qui a reconnu les restes du malheureux, parce qu'il s'est rappelé la place. On a retrouvé, accrochés à un arbre, quatre membres déchiquetés qui tenaient tant bien que mal à un tronçon de chair, on a mis tout cela dans un lambeau de tunique, avec une étiquette..... et puis voilà! La mère est morte de saisissement quand on lui a appris la nouvelle.....

« Et l'on veut que cet état de choses dure toujours, et que les pauvres êtres que l'on a nourris servent toujours de chair à canon! »

La foule, autour d'elle, grossit de plus en plus; chacune de ces misérables femmes a son récit lamentable.

« Vous savez bien l'usine du père un tel; il y avait douze cents ouvriers avant la guerre; il en est parti huit cents; on est sans nouvelles de la plupart; ceux qui sont revenus ne sont guère valides; pas un qui soit revenu entier. C'est avec les vieux qui restent que l'on va faire de la belle besogne à présent! »

C'est comme cela que cette foule s'excite peu à peu. Tous ces mots portent; ils trouvent un écho dans chacun de ces cœurs blessés. Le sentiment général est qu'il faut en finir. Tous ces désolés, après s'être roulés dans leur désespoir, se relèvent la fièvre au cerveau, avec le besoin intense de réagir. Les timides vont les suivre. Le désarmement est maintenant une nécessité; tout le monde le désire, l'exige. C'est une immense douleur qui se révolte, c'est le sacrifice qui se refuse à de nouveaux prodiges. Les femmes ont donné l'impulsion, elles vont précipiter le dénouement.

Les unes pleurent et rient tout à la fois, d'un rire nerveux, comme des enfants qui se sentent les maîtres.

D'autres hurlent comme des forcenées, la rage au cœur, animées du sentiment de leur implacable triomphe. Toutes parcourent les rues avec des airs inspirés; il semble qu'elles se glorifient du coup que l'une d'elles vient de porter.

Elles ont bientôt rallié les hommes, les ont gagnés à leur cause; elles les excitent, les entraînent.

L'agitation s'étend peu à peu partout comme les flots courts et pressés de la marée montante.

De tous côtés un mouvement se dessine qui pousse vers un but déterminé, comme si un aimant les attirait, les habitants des divers quartiers de la ville.

Des cris redoublés de : « Vive le désarmement! A bas la guerre! » retentissent de tous côtés.

Des groupes parcourent les rues portant des drapeaux et des écriteaux où on lit : « Paix universelle! Alliance des peuples! Plus de frontières! »

Hommes, femmes, enfants se portent en masse vers le palais où le gouvernement délibère depuis de longues heures.

Les carrefours sont noirs de monde.

De temps en temps cette foule nerveuse, surexcitée à l'excès, s'arrête pour écouter les orateurs improvisés qui se font une tribune d'un banc, d'une simple borne d'où ils peuvent dominer le tumulte.

A chaque instant leur voix est couverte par les mêmes cris de : « Vive la Paix! » auxquels se mêlent d'autres cris de : « Vive la Révolution Sociale! »

Un anarchiste sexagénaire, en tenue d'ouvrier, s'agite au milieu d'un groupe et se fait remarquer par la violence de son discours.

Près de lui, un prêtre a rassemblé un attroupement considérable. Il expose le côté hypocrite autant que criminel de ces luttes fratricides :

« Que signifient ces invocations au Dieu des batailles qui s'élèvent à la fois dans les deux camps opposés? cette bénédiction que les ministres du culte ne craignent pas d'appeler d'en Haut sur deux armées rivales? N'est-ce pas braver le ciel? N'est-ce pas lui infliger en quelque sorte un rôle d'une partialité révoltante, l'associer pour ainsi dire à nos crimes et à nos tristes haines? »

Ces paroles vibrantes, empreintes d'une éloquence

indignée, excitent l'enthousiasme; l'agitation devient plus intense.

Elle atteint bientôt son maximum quand la foule, enivrée par son succès, sent qu'elle a cause gagnée et que rien ne peut plus lui résister.

Elle approche enfin de l'édifice où se trouvent renfermés les représentants de la nation. Une rumeur sourde comme la grande voix de la tempête l'a précédée et a suffi pour annoncer son approche.

En conséquence, la police a pris toutes les précautions possibles. Des gendarmes et des troupes barrent les rues avoisinant le palais.

Les premiers rangs des manifestants, repoussés à coups de crosse, reculent et se replient.

Mais la marée humaine monte, monte toujours. Elle brise, malgré sa résistance, le cordon de gardes qui s'oppose à ses progrès, le noie, l'éparpille, et elle pénètre enfin jusque dans la salle des délibérations et des Lois, où elle fait irruption. Hommes et femmes envahissent pêle-mêle les tribunes et prennent possession des bancs que les représentants du pouvoir ont abandonnés; et cette cohue sublime qui est venue là, non pour faire œuvre de pillage, mais bien pour faire œuvre de législation, se groupe, s'organise bientôt, se rallie comme par enchantement autour des chefs que son instinct lui a fait choisir.

Une discipline admirable succède au désordre de la journée ; toute la haine est tombée devant le sentiment du devoir qui s'impose à chacun. Il importe d'agir vite et bien, de faire triompher sans plus tarder, à la face du monde, la grande idée et d'en jeter la semence aux quatre coins du globe.

Les partis les plus divers sont bientôt ralliés à une cause qui enlève tous les suffrages. Les pouvoirs publics eux-mêmes sont entraînés dans cet élan magnifique.

On élit sur place un président d'âge, qui est chargé de maintenir l'ordre dans les discussions.

Un citoyen s'élance à la tribune et fait tout d'abord remarquer que c'est aux femmes que revient l'honneur d'une révolution qui comble les vœux de tous.

Il les félicite donc chaleureusement de leur initiative et de leur énergie, mais il demande de flétrir l'assassinat qui rappelle trop par son procédé sanguinaire cette guerre que condamne aujourd'hui une réprobation universelle.

Plusieurs cris de : Non ! non ! interrompent l'orateur.

Une femme lui répond au milieu de la foule. Elle

crie que la vie ou la mort d'un homme n'est pas, après tout, si importante au salut de la république; qu'il faut reconnaître bien haut l'énergie de celles qui ont été des libératrices.

« Ces femmes, mères pour la plupart, ont frappé avec l'exaltation du désespoir : nous devons accepter le fait accompli, et reconnaître que, dans les grandes crises, il est nécessaire, sinon légitime d'user de grands moyens. »

Le président intervient, ramène au calme les esprits qui menacent de s'exalter, en conjurant chacun de garder, dans une discussion aussi grave, cet esprit de sagesse et d'équité sans lequel on ne fonde rien de durable.

C'est un grand vieillard dont les enfants sont couchés là-bas, pêle-mêle avec tant d'autres, dans le grand charnier creusé par la guerre.

Soldat lui-même autrefois, et revenu vivant de tant de batailles, il a vu s'éteindre en un jour toute sa lignée, et une grande pitié lui est montée au cœur pour les autres pères à venir. . . . .

Cependant une grande nouvelle s'est propagée dans l'Assemblée : une révolution analogue, mais sanglante et sinistre, a éclaté de l'autre côté du fleuve qui a été la cause du conflit.

Là aussi a soufflé le même vent de colère, sans que la sagesse et la modération soient venues opposer de barrières à la tempête déchaînée.

Le pays est bientôt à feu et à sang.

Les hordes déguenillées et vaincues, qui ont repassé la frontière, se sont précipitées de tous côtés comme des bandes de fauves affamés, envahissant les villages et les hameaux, brûlant et pillant les misérables maisons que six mois de guerre ont laissées désertes. Puis, quand dans les campagnes dévastées la chaumière a disparu, tout cela s'est rué sur les villes, a massacré les autorités, incendié les édifices publics et proclamé une anarchie telle que l'histoire n'en a jamais enregistrée de pareille.

C'est que chaque tunique de soldat recouvre un socialiste froidement cruel, que la discipline ne courbe plus sous son joug. Toutes ces bandes obéissent aujourd'hui à un mobile unique : la vengeance et la haine.

Il y a là, sous ces casques uniformes : le mineur usé par de longues années de misère, fourbu par une campagne éreintante; l'ouvrier des usines immenses, triste forçat, qui a dû, pour vivre, forger de ses mains les armes assassines. Ces hommes sont pauvres et meurtris, et l'on sent gronder dans cette révolte l'exaspération de la lutte de la veille et la terreur des souffrances du lendemain.

. . . .

Cette nouvelle se propage rapidement dans l'Assemblée. Tout le monde se lève, comme mû par une même inspiration. Des cris enthousiastes de : Vive la Paix! retentissent encore longuement; les mains s'agitent; c'est du délire.

Chacun entrevoit déjà une ère de tranquillité et de paix qui sera éternelle, puisque l'idée pénètre partout irrésistible, comme le torrent qui franchit ses digues.

La première décision de l'Assemblée mise à l'ordre du jour, et adoptée à l'unanimité, est qu'il faut profiter sur-le-champ des dispositions qui animent toutes les nations; réprimer, d'un côté, les excès que le désespoir a engendrés, faire sentir à l'anarchie naissante le poids d'une sage autorité; de l'autre, encourager une évolution pacifique vers laquelle se trouvent entraînés, par l'exemple, les peuples de toutes races.

V

A cette journée mémorable en succède une autre
où, dans une assemblée solennelle, semblable à la
première, on élabore le projet d'un Congrès monstre
auquel doivent prendre part toutes les nations qui
couvrent le globe. L'idée de la constitution d'une
immense fédération des peuples gagne du terrain.
La grande Utopie prend enfin corps et le Désarmement général apparaît possible, maintenant que c'est
moins la victoire que la triste nécessité qui l'impose.

C'est à ce vaste concile international que les peuples
les plus divers sont conviés; on lance des invitations
aux quatre coins de la terre, et les adhésions affluent
bientôt de toutes parts. On dirait une mobilisation
générale des forces pacifiques.

L'Europe tout entière s'y fait représenter. L'Amé-

'rique, suivant cet exemple, envoie une importante mission où chacun de ses États compte des représentants. Il en vient aussi de l'Asie, et tout ce qu'il y a de civilisé dans les deux autres continents accourt se ranger sous les bannières de cette ligue immense.

Ces délégués de nationalité différente, de mœurs et de goûts nécessairement opposés, mais tous pénétrés de la grandeur du rôle qu'ils vont jouer, apportent au sein de cette assemblée l'enthousiasme et l'ardente conviction de néophytes.

On compte dans leurs rangs plusieurs femmes éminentes pour qui l'attribution de ce rôle d'arbitre est déjà comme la reconnaissance et la consécration de leurs droits politiques.

Dans sa première séance, le congrès se constitue régulièrement, nomme un bureau et un président à l'instar des réunions parlementaires, et décide tout d'abord d'émettre le vœu suivant : « Que la guerre est une immense folie, qu'elle n'est jamais sortie des aspirations des peuples libres; mais qu'elle est née toujours du bon plaisir des puissants : capitaines avides de gloire, ou chefs d'États anxieux de conserver leur prestige et la première place. Qu'il faut donc que ce jour arrive où le conquérant ne sera plus en quelque sorte déifié et son nom consacré par l'histoire,

et où, pour tout le monde, il n'existera plus de diffé-
rence entre les tueries des nations et le meurtre isolé. »

Puis, on aborde de suite l'examen d'une législation
nouvelle qui doit tout à la fois régler les rapports inter-
nationaux, résoudre la question délicate de l'arbitrage,
supprimer les armements et fixer les limites de
chaque État.

La proposition qui réunit le plus de voix est
celle-ci :

On formerait une vaste confédération dans laquelle
entreraient tous les peuples qui ont envoyé des délégués au congrès.

Ces peuples, tout en gardant leur autonomie et la
liberté de leurs institutions, s'engageraient par une
sorte de contrat international à garantir collective-
ment la paix. Ils s'accorderaient en s'associant pour
cette œuvre de mutuelles concessions.

On mettrait à l'index toute nation qui refuserait
d'entrer dans la confédération, ou celle qui, y étant
une fois entrée, violerait ses engagements en éludant
les formes d'arbitrage proposées.

Exclu de la confédération monétaire et repoussé
de partout, un pays qui enfreindrait la loi commune
verrait son change déprécié, ses marchandises pro-
hibées sur tous les marchés, et l'écoulement de ses

produits arrêté pour longtemps par un blocus rigoureux.

Toutes les nations devant, dans un laps de temps donné, supprimer leurs armements, l'entretien de troupes quelconques serait considéré comme une violation du contrat.

Une exception serait faite pour les gendarmeries ou corps de polices locales dont l'effectif pourtant ne saurait dépasser un certain nombre d'hommmes.

Leur organisation, comme leurs cadres, seraient du reste soumis aux décisions suprêmes d'un congrès annuel qui se tiendrait alternativement dans une des grandes capitales choisie par la voie du sort.

On examinerait là des questions telles que le recrutement des gendarmeries, des corps de douanes, gardes forestiers, etc., y compris les délimitations de frontières ou le partage des territoires coloniaux pacifiquement conquis.

Chacun des États fédérés fournirait à son tour le président de ce congrès.

Enfin, pour donner à ces assemblées périodiques une sanction pratique et affirmer devant l'histoire les progrès obtenus, une commission des délégués présenterait, à l'ouverture des séances, un état du budget de chaque nation constatant :

1° Le bon état des finances à un point de vue général, les dégrèvements successifs d'impôts et, par suite, l'accroissement des transactions commerciales et le relèvement rapide de l'industrie;

2° A un point de vue plus particulièrement intéressant, l'amélioration du sort des travailleurs et le bien-être apporté aux classes laborieuses par la suppression des armements.

CONCLUSION

Ainsi se parachevait par ce Congrès mémorable l'un des événements les plus considérables de l'humanité.

La civilisation condamnant et rejetant enfin la guerre comme la chose la plus monstrueuse et la plus détestable; la paix établie comme le sceau qui devait à travers les siècles sceller les libertés et les progrès futurs; et, pour couronner l'œuvre, l'émancipation complète de la femme, qui prenait définitivement rang dans la société, y apportant son dévouement, sa clairvoyance, et toutes les qualités d'union et de concorde, qui sont les bases nécessaires de la société moderne.

Paris. — Soc. d'Imp. PAUL DUPONT, 4, rue du Bouloi. (Cl.) 263.3.91.